WAS IST WAS

Junior

Mitmach-Heft
Die Welt entdecken

TESSLOFF

Die Erde

Die Erde ist eine große Kugel, deren Oberfläche aus Ozeanen und Landmassen besteht – den Kontinenten. Sieben Kontinente gibt es auf der Erde: Nordamerika, Südamerika, Europa, Afrika, Asien, Australien und Antarktika. Auf einer Ansicht wie dieser ist die Erdkugel zu einer flachen Karte ausgerollt.

Der Äquator ist eine gedachte Linie, die die Erde in eine Nord- und eine Südhalbkugel teilt.

Weißt du, welche Tiere wo leben? Klebe die passenden Tier-Sticker auf die Kontinente!

Wie gut kennst du unsere Welt? Entdeckst du Neuseeland? Und wo liegen die Hawaii-Inseln?

Nordpolarmeer

Grönland

Nordamerika

Atlantischer Ozean

Hawaii

Mittel-amerika

Galapagos-inseln

Südamerika

Pazifischer Ozean

ktis

Europa und Asien sind miteinander verbunden und werden Eurasien genannt.

Europa

Asien

Japan

Afrika

Pazifischer Ozean

Indischer Ozean

Indonesien

Madagaskar

Ozeanien

Australien

Neuseeland

Südpolarmeer

Antarktika

? Wie heißt der Kontinent, auf dem wir leben? Trage ein:

_ _ _ _ _ **a** .

Der größte Kontinent der Erde ist

_ _ _ _ **n** .

Länder wie Russland, China und Indien zählen dazu.

👁 Auf der Weltkarte haben sich einige Kraken versteckt. Wie viele entdeckst du? Trage die Anzahl ein!

Europa

Europa heißt der Kontinent, auf dem wir leben. Nach Italien, Frankreich oder Dänemark bist du vielleicht schon in den Ferien gefahren. Aber auch Länder wie die Slowakei, Litauen und das Kosovo liegen in Europa. Im Süden trennt das Mittelmeer den europäischen Kontinent von Afrika.

Schon gewusst?

Wer von Großbritannien nach Frankreich reisen möchte, kann entweder das Schiff nehmen – oder aber mit der Bahn durch den Eurotunnel fahren! 38 Kilometer des etwa 50 Kilometer langen Tunnels liegen unter dem Meer.

Island

Groß-britannien

Nordirland

Atlantischer Ozean

Franrei

Andorra

Portugal

Spanien

Menorc
Mallorca

Ibiza

Mittelmeer

Afrika

A

B

C

D

E

Wie gut kennst du Europa? Sieh dir die Umrisse und die große Karte genau an! Welche Länder verbergen sich hinter den Schattenrissen?

Europa

Ergänze die fehlenden Länder-Sticker!

Das Uralgebirge bildet eine natürliche Grenze zwischen Europa und Asien.

Asien

Uralgebirge

Russland

Wolga

Norwegen

Schweden

Estland

Lettland

Litauen

Russland

Weißrussland

Nordsee

Ostsee

Dänemark

Niederlande

Belgien

Deutschland

Rhein

Elbe

Luxemburg

Tschechien

Ukraine

Schweiz

Österreich

Slowakei

Slowenien

Ungarn

Republik Moldau

Rumänien

Kroatien

Kaukasus

Bosnien u. Herzegowina

Serbien

Donau

Krim
(von Russland kontrolliert)

Schwarzes Meer

Monaco

Korsika

Montenegro

Kosovo

Albanien

Nordmazedonien

Bulgarien

Griechenland

Türkei

In welche Länder Europas bist du schon einmal gereist? Stickere ein solches Fähnchen darauf!

Sardinien

Sizilien

Asien

Malta

Zypern

5

Europa

Europa ist ein kleiner Kontinent, doch es gibt hier 47 Länder – und damit eine bunte Vielfalt an Sprachen, Kulturen und Bräuchen. Viele Länder arbeiten in der Europäischen Union (EU) zusammen.

Deutschland

Tower Bridge in London

Matterhorn in den Alpen

Österreich

Riesenrad im Prater in Wien

Schweiz

Großbritannien

Brandenburger Tor in Berlin

 Herr Akasaka aus Japan hat Europa bereist und nun sind seine Fotos durcheinander geraten! Hilf ihm und klebe die Schnappschüsse an die richtige Stelle!

Italien

ist ein beliebtes Urlaubsland. Die schönen Strände, die beeindruckenden Kulturstätten und das gute Essen ziehen viele Besucher an.

Der Petersdo
in Vatikanstadt
Der kleinste
Staat der Welt
liegt in Rom.

Spaghetti bolognese

Straßburger Münster

Frankreich

In Straßburg gibt es nicht nur ein berühmtes Münster, die Stadt im Rheintal ist auch Sitz des Europaparlaments.

? Jedes Land hat seine eigene Flagge. Stickere die fehlenden Flaggen ein und verbinde sie mit der richtigen Sehenswürdigkeit!

Frankreich

Eiffelturm
in Paris

Italien

Kolosseum
in Rom

Basilius-Kathedrale
in Moskau

Russland

Akropolis
in Athen

Griechenland

Deutschland

Schloss Neuschwanstein in Bayern wurde im 19. Jahrhundert erbaut. Das Bauwerk erinnert ein wenig an eine Ritterburg aus dem Mittelalter.

Schloss Neuschwanstein

Touristen aus der ganzen Welt besuchen das Oktoberfest in München.

Norwegen

liegt im Norden Europas. Hier ist das Klima rauer. Wer Glück hat, kann einem Elch in freier Wildbahn begegnen.

Elch

Nordsee

Ostsee

Nordfriesische Inseln

Ostfriesische Inseln

Kiel

Stralsund

Schwerin

Hamburg

Bremen

Berlin

Potsdam

Magdeburg

Cottbus

Osnabrück

Hannover

Deutschland

Ems

Weser

Elbe

Harz

Elbe

Leipzig

Bielefeld

Düsseldorf

Köln

Kassel

Erfurt

Dresden

Rhein

Thüringer Wald

Erzgebirge

Frankfurt

Wiesbaden

Mainz

Mosel

Hunsrück

Main

Saarbrücken

Nürnberg

Bayerischer Wald

Stuttgart

Schwarzwald

Schwäbische Alb

Donau

München

Donau

Wien

Bodensee

Rhein

Zürich

Salzburg

Innsbruck

Bern

Vaduz

Österreich

Genf

Schweiz

Alpen

Inn

Lugano

Liechtenstein

Und wo lebst du? Lass dir von einem Erwachsenen helfen und zeichne deinen Wohnort ein!

Male die Flaggen in den richtigen Farben aus!

Mitten in Europa liegen die deutschsprachigen Länder. Deutschland grenzt im Norden an die Nord- und Ostsee und im Süden an die Alpen. Hier schließen sich die Schweiz und Österreich an. Viele Touristen kommen zum Wandern und Skifahren hierher.

Die Alpen sind das höchste Gebirge im Inneren Europas. Sie sind Lebensraum vieler Tiere und Pflanzen. Stickere die seltenen Alpenblumen ein und male das Bild aus!

Wie viele Murmeltiere entdeckst du im Bild?

Europa

Mittel-meer

Asien

Madeira

Kanarische Inseln

Marokko

Algerien

Tunesien

Libyen

Ägypten

Asien

Westsahara

Mali

Niger

Niger

Tschad-see

Tschad

Sudan

Nil

Rotes Meer

Eritrea

Dschibuti

Äthiopien

Senegal

Guinea

Burkina Faso

Benin

Togo

Liberia

Ghana

Gambia

Guinea-Bissau

Sierra Leone

Süd-Sudan

Zentral-afrikanische Republik

Kamerun

Äquatorial-guinea

Gabun

Kongo

Kongo

Demokratische Republik Kongo

Ruanda

Uganda

Burundi

Victoria-see

Kenia

Somalia

Indischer Ozean

Tansania

Seychellen

Komoren

Atlantischer Ozean

Sambia

Malawi

Angola

Mosambik

Madagaskar

Namibia

Botsuana

Südafrika

Eswatini

Lesotho

👁 Lerne den afrikanischen Kontinent besser kennen und klebe die fehlenden Sticker ein!

10

Afrika

Afrika ist der zweitgrößte Kontinent der Erde und zu einem großen Teil von Wüste bedeckt. Es gibt moderne Großstädte, aber viele Menschen leben auch noch sehr ursprünglich mit ihren Stämmen in kleinen Dörfern.

 54 Länder gibt es in Afrika. Welche sind hier als Schattenrisse zu sehen?

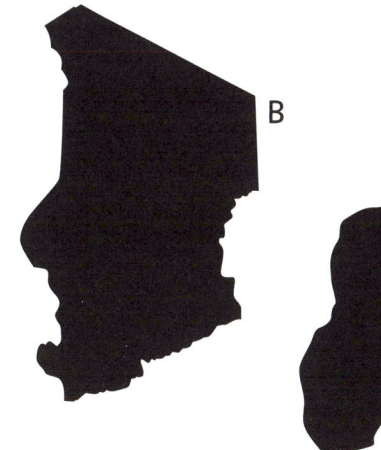

A B C

 In der Serengeti in Tansania leben Giraffen, Elefanten und Löwen in freier Natur. Finde die zehn Unterschiede im unteren Bild!

Die Wüste Sahara

Die Wüste Sahara nimmt etwa ein Viertel des gesamten afrikanischen Kontinents ein. Damit ist sie die größte Trockenwüste der Welt. Von einer Wüste spricht man, wenn eine Landschaft nur zu einem Zehntel von Pflanzen bedeckt ist. Außerdem regnet es in einer Wüste kaum.

Stickere die fehlenden Wüstentiere ein und male das Bild aus!

Tiere und Pflanzen sind sehr gut an diesen extremen Lebensraum angepasst.

 Auf der Erde gibt es verschiedene Klimazonen, also Gebiete mit einheitlichem Klima. Am heißesten ist es um den Äquator herum. Zeichne die Äquatorlinie ein!

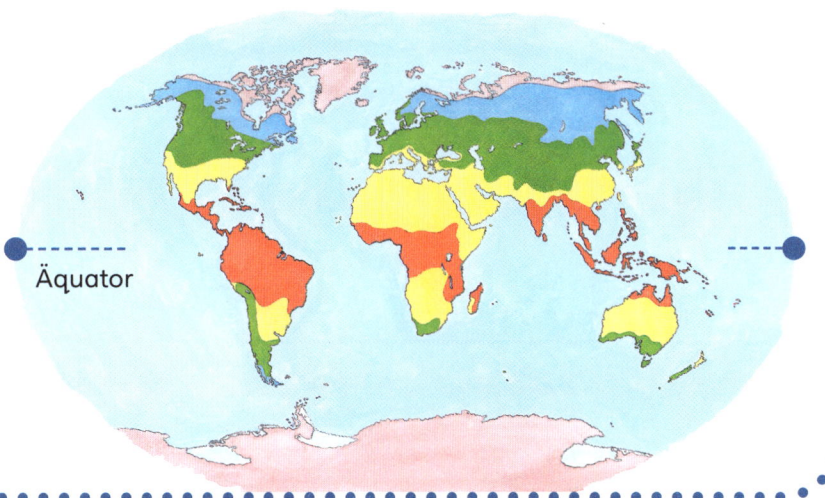

🟡 Subtropen 　　🔴 Tropen

🟢 Gemäßigte Zone 　　🩷 Polargebiete

🔵 Kaltgemäßigte Zone

Äquator

Die Wüste lebt! Wie viele Wüstentiere entdeckst du? Trage die Anzahl ein!

☐ Skorpione

☐ Skinke

☐ Springmäuse

Nordamerika

Nordamerika umfasst die Länder Kanada, die Vereinigten Staaten von Amerika (USA), Mexiko sowie die Länder Mittelamerikas, wie etwa Guatemala. Die Landschaft ist vielfältig: Große Seen, mächtige Wälder, weite Ebenen, Wüsten bis hin zu tropischem Regenwald sind auf dem Kontinent zu finden.

Hilf dem Cowboy! Mit welchem Lasso fängt er das ausgebüxte Rind?

Die Indianer leben heute nicht mehr in Tipis. Dennoch haben die Ureinwohner Nordamerikas viele ihrer Traditionen bewahrt. Male das Bild farbig aus!

Nordamerika

Nordpolarmeer

Beaufortsee

Grönland
(Dänemark)

Baffin Bay

Alaska
(USA)

Victoria-
Insel

Baffin-Insel

Labradorsee

Aleuten

Golf von Alaska

Großer
Bärensee

Großer Sklavensee

Rocky Mountains

Peace

Hudson Bay

Labrador

Neufundland

Kanada

Oberer See

USA

Missouri

Mississippi

Michigansee

Rocky Mountains

HOLLYWOOD

Großer
Salzsee

Colorado

Atlantischer Ozean

Appalachen

Grand Canyon

Auch die Karibischen
Inseln zählen zu
Nordamerika.

Puerto
Rico

Mexiko

cacao

Golf von Kalifornien

Bahamas

Pazifischer Ozean

Golf von Mexiko

Kuba

Haiti

Dominikanische
Republik

Jamaika

Belize

Guatemala

Hon-
duras

Nicara-
gua

El Salvador

Costa Rica

Panama

Südamerika

Klebe die fehlenden
Sticker ein und male
die großen Seen
blau aus!

15

Nordamerika

Karibisches Meer

Pazifischer Ozean

Atlantischer Ozean

Venezuela

Trinidad und Tobago

Guyana

Surinam

Französisch Guayana (Frankreich)

COFFEA

Kolumbien

Ecuador

Peru

Amazonas

Amazonas

Galapagos-inseln

Die Galapagosinseln zählen zu Ecuador. Sie besitzen eine außergewöhnliche Tier- und Pflanzenwelt.

Anden

Titicaca-see

Bolivien

COFFEA

Brasilien

Klebe die fehlenden Sticker ein und male den mächtigen Fluss Amazonas blau aus!

Chile

Anden

Paraguay

Die Anden sind die längste zusammenhängende Gebirgskette der Welt.

Der Buckelwal kann bis zu 15 Meter lang werden.

Uruguay

Argentinien

Pazifischer Ozean

In welchem Land wurden die Nazca-Linien entdeckt? Die riesigen Bilder von Tieren wurden vor etwa 2000 Jahren in den Wüstenboden geschart.

Feuer-land

Falkland-Inseln (Großbritannien)

▲ Seite 2-3

▼ Seite 4-5

Irland

Ostsee

Litauen

Russland

Polen

Niger

Tschad-see

Nigeria

Togo

Benin

Niger

Kamerun

torial-

Sudan

Süd-S

Elfen-bein-küste

Liberia

Fas

Ghana

Sambia

lalawi

Simbabwe

Mosambik

ana

Westsahara

Mauretanien

Senegal

Guinea

nokratisch

▲ Seite 10-11

▼ Seite 12-13

▼ Seite 14-15

Panama

Missouri

ido

Tasmanien

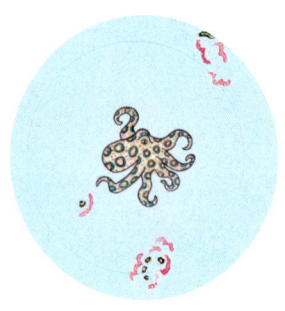

▲ Seite 21　　▼ Seite 24-25

Pap
Neug

▼ Seite 26-27

Spitzbergen

▲ Seite 26-27

▼ Seite 28-29

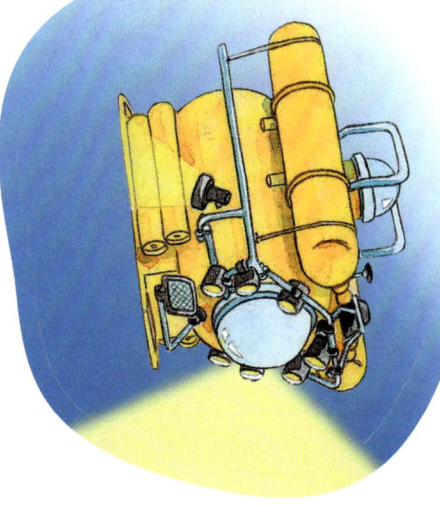

▼ Seite 31

Grand Canyon

euer-
nd

Falkland-Inseln
(Großbritannien)

▲ Seite 14-15

▼ Seite 18-19

▲ Seite 16-17

cacao

Suriname

▼ Seite 22-23

Viele bunte Atlas-Sticker!

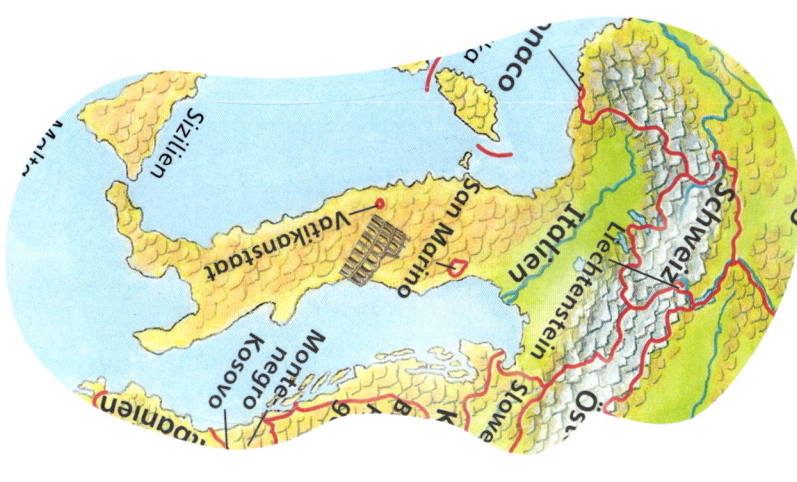

Finnland

▲ Seite 4-5 ────────── ▼ Seite 6-7 ──────────

Elch

▼ Seite 8-9

Touristen aus der ganzen Welt besuchen das Oktoberfest in München.

Straßburger Münster

Südamerika

Südamerika gilt als ein eigener Kontinent, obwohl es mit Nordamerika verbunden ist. Länder wie Brasilien, Argentinien und Chile zählen dazu. Der Fluss Amazonas wird von mehr als 10 000 Zuflüssen gespeist und versorgt den größten tropischen Regenwald der Erde mit Wasser.

 Verbinde die Kamele mit dem dazugehörigen Schatten!

Guanako

Lama

Vikunja

Alpaka

Schon gewusst?

Vikunja, Lama, Alpaka und Guanako sind Kamelarten, die wegen ihrer Wolle und als Lasttier gezüchtet werden.

? Wie gut kennst du Südamerika? Jeweils ein Bild passt nicht in die Reihe. Kreise es ein!

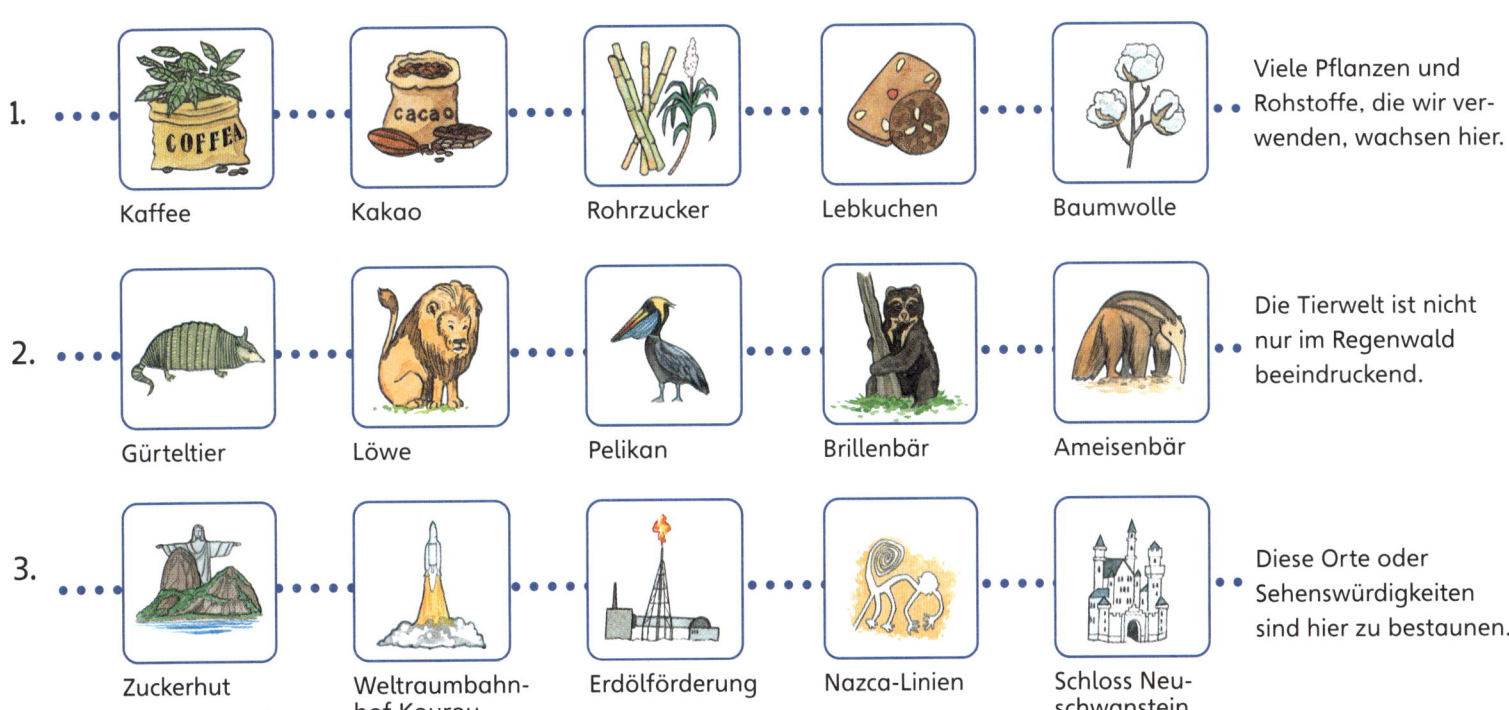

1. Kaffee — Kakao — Rohrzucker — Lebkuchen — Baumwolle

Viele Pflanzen und Rohstoffe, die wir verwenden, wachsen hier.

2. Gürteltier — Löwe — Pelikan — Brillenbär — Ameisenbär

Die Tierwelt ist nicht nur im Regenwald beeindruckend.

3. Zuckerhut — Weltraumbahnhof Kourou — Erdölförderung — Nazca-Linien — Schloss Neuschwanstein

Diese Orte oder Sehenswürdigkeiten sind hier zu bestaunen.

Der größte Regenwald

der Erde wächst in Südamerika, aber auch in Asien, Afrika und Australien gibt es die dicht gewachsenen Wälder. Hier ist es das ganze Jahr hindurch warm und feucht, daher wächst alles sehr schnell. Regenwälder sind die grünen Lungen der Erde, denn Bäume und Pflanzen stellen den lebenswichtigen Sauerstoff her.

Die Zahl der im Regenwald lebenden Tier- und Pflanzenarten ist unglaublich. Klebe die Sticker ein und male das Bild aus!

Wie viele Äffchen entdeckst du im Bild?

Welches Puzzleteil passt genau?

1

2

3

4

Noch heute leben im Regenwald Südamerikas einige Naturvölker. Ihre Lebensweise ist an die Natur angepasst.

Manche Bewohner des Regenwaldes sind gut getarnt. Welches Tier versteckt sich hier?

 Hellgrün

 Braun

 Dunkelgrün

 Gelb

 Lila

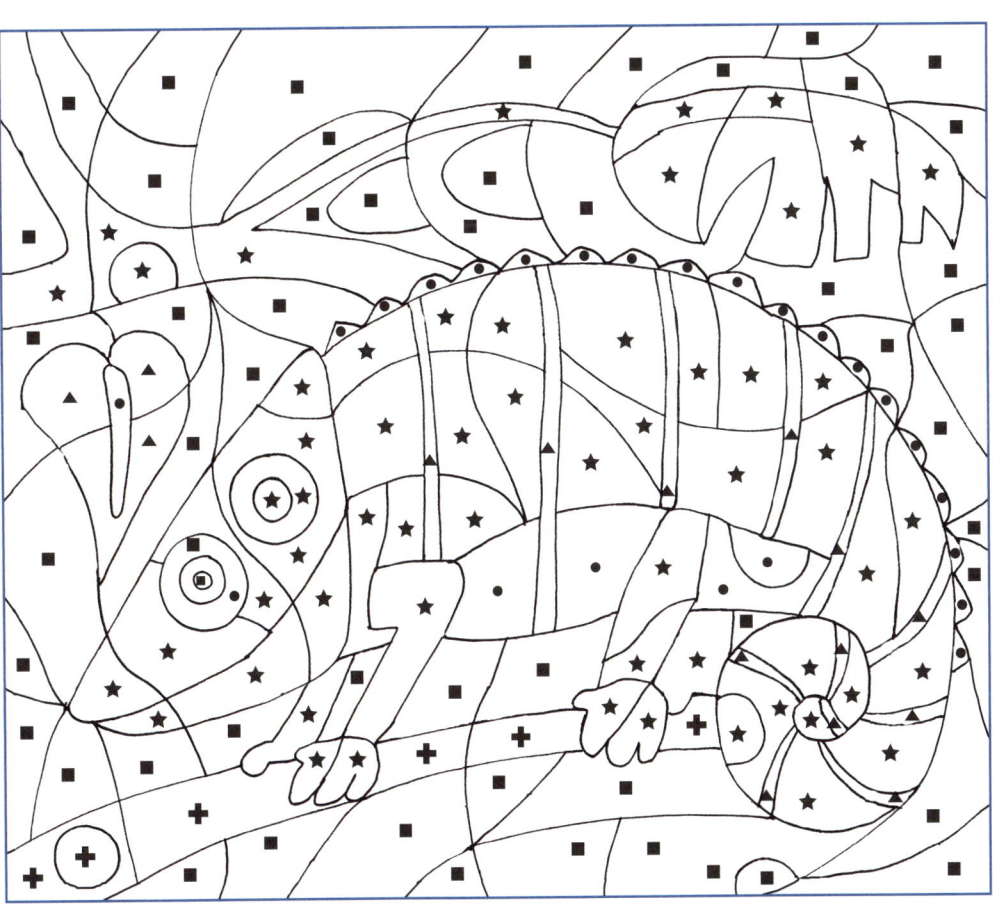

Asien

Asien ist ein Kontinent der Rekorde. Er ist nicht nur der größte Kontinent der Erde, hier leben auch etwa die Hälfte aller Menschen. Besonders Länder wie China und Indien sind sehr bevölkerungsreich. Das riesige Russland erstreckt sich über zwei Kontinente.

Kaaba in Mekka

Chinesische Mauer

Transsibirische Eisenbahn

Taj Mahal in Indien

Verbotene Stadt in Peking

Der höchste Berg und die längste Eisenbahnstrecke liegen in Asien. Suche die Ausschnitte in der Karte und verbinde sie!

Kaspisches Meer

Mount Everest im Himalaya

Tür

Libanon
Syrien
Israel

Jordanien

Saudi Arabien

Jeme

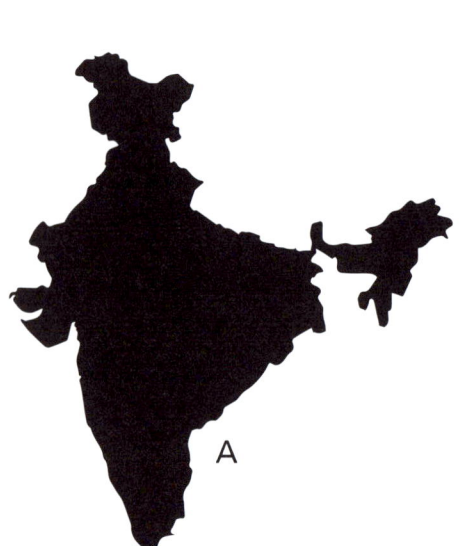

A

B

C

D

Sieh genau hin! Erkennst du, welche Länder sich hinter den Schattenrissen verbergen?

20

Beringmeer

Europa

Schwarzes Meer

Moskau

Oimjakon

Kamtschatka

Russland

Uralgebirge

Lena

Georgien

Armenien

Aserbaidschan

Sachalin

Baikalsee

Kaspisches Meer

Aral-see

Kasachstan

Mongolei

Wladi-wostok

Irak

Usbekistan

Turkmenistan

Kirgisistan

Nord-korea

Iran

Tadschi-kistan

China

Japan

Kuwait

Bahrain

Lut

Afghanistan

Himalaya-Gebirge

Südkorea

Katar

Pakistan

Tibet

Jangtsekiang

Oman

Nepal

Taiwan

Pazifischer Ozean

Vereinigte Arabische Emirate

Indien

Ganges

Myanmar

Philippinen

Bhutan

Bangladesch

Laos

Thailand

Vietnam

Kam-bodscha

Brunei

Malaysia

Für die Hindus gilt der Fluss Ganges in Indien als heilig. Der Hinduismus ist besonders in Asien verbreitet.

Sri Lanka

Singapur

Borneo

Timor-Leste

Sumatra

Indonesien

Indischer Ozean

21

Weißt du, wo dein T-Shirt genäht wurde oder euer Fernseher herkommt? Viele Dinge, die wir im Alltag benutzen, werden in Ländern wie China, Indien oder Taiwan hergestellt. Dort produziert man diese Waren meist billig und in großer Menge.

In Asien gibt es hochmoderne Häfen.

Schon gewusst?

Nicht alle Menschen haben an dem wirtschaftlichen Wachstum Asiens Anteil. In vielen Regionen herrscht auch große Armut. Ein Moped zu besitzen ist daher für viele Menschen schon etwas Besonderes.

Welche Waren gehen mit deinem Container auf die Reise? Stickere etwas ein oder male den Container selbst aus!

In solchen Containern werden die Waren über das Meer in die ganze Welt transportiert.

A

Panda

Start ▶

C

Dromedar

Schnabeltier

O

H

Krokodil

R

Jaguar

? Klebe zuerst die Sticker ein! Welche dieser Tiere sind in Asien zu Hause? Trage unten der Reihe nach die daneben stehenden Buchstaben ein!

E

Pinguin

N

Orang-Utan

I

Sibirischer Tiger

▶ **Lösung** ☐ ☐ ☐ ☐ ☐

 Maneki-neko heißen die Winkekatzen, die man auch bei uns oft in asiatischen Läden oder Restaurants sieht. Sie gelten als Glücksbringer. Nur eine stimmt genau mit der großen Katze überein. Kreise sie ein!

A

B

C

D

E

Schon gewusst?

Vor etwa 40 000 Jahren besiedelten die Aborigines den Kontinent. Alte Traditionen wie das Musizieren mit dem Didgeridoo haben sich die Ureinwohner bis heute erhalten.

Mikronesien

Palau

Papua-Neuguinea

Salomonen

Melanesien

Vanuatu

Neukaledonien

Großes Barriereriff

Indischer Ozean

Australien

Große Sandwüste

Uluru (Ayers Rock)

Große Victoriawüste

Australisches Bergland

Pazifischer Ozean

Neuseeland

Tasmanien

👁 Klebe zuerst die fehlenden Sticker auf die Karte! Wie viele Beuteltiere entdeckst du? Trage die Anzahl hier ein!

Hawaii-Inseln

Australien ist der kleinste

Kontinent und auch der trockenste. Vor allem im Landesinnern gibt es große Wüsten. Im sogenannten Outback leben nur wenige Menschen. Die meisten Städte liegen an der Küste. Die vielen Inseln im Pazifischen Ozean nennt man Ozeanien. Einige, wie Neuseeland, sind eigenständige Länder.

In Australien werden in Minen Gold, Diamanten und andere Edelsteine abgebaut.

? Löse das Sudoku mithilfe der Sticker! Aber aufgepasst: Jedes Bild darf in einer Reihe, in einer Spalte und in einem Viererfeld jeweils nur einmal vorkommen!

Tuvalu

Samoa

Fidschi

Tonga

 Nicht nur die Beuteltiere, auch der rot leuchtende Sandsteinfelsen Uluru ist ein Wahrzeichen Australiens. Male ihn aus!

Känguru und Koala bringen ihre Jungen als Embryos auf die Welt. Im Beutel ihrer Mutter wachsen sie zu Babys heran.

Französisch-Polynesien

Ewiges Eis

bestimmt das Leben in den Polargebieten. Der Kontinent Antarktika ist von einer dicken Eisschicht bedeckt. Er ist unbewohnt, nur zeitweise halten sich hier Menschen in Forschungsstationen auf. Die Arktis dagegen ist kein Kontinent, sondern ein von Landmassen umgebenes Meer. Die Inuit, die Ureinwohner, leben an den Küsten der angrenzenden Kontinente.

 Klebe den passenden Sticker ein! Ältere Kaiserpinguinküken bilden sogenannte Kindergärten, um sich gegenseitig zu wärmen. So können ihre Eltern gemeinsam auf Futtersuche gehen.

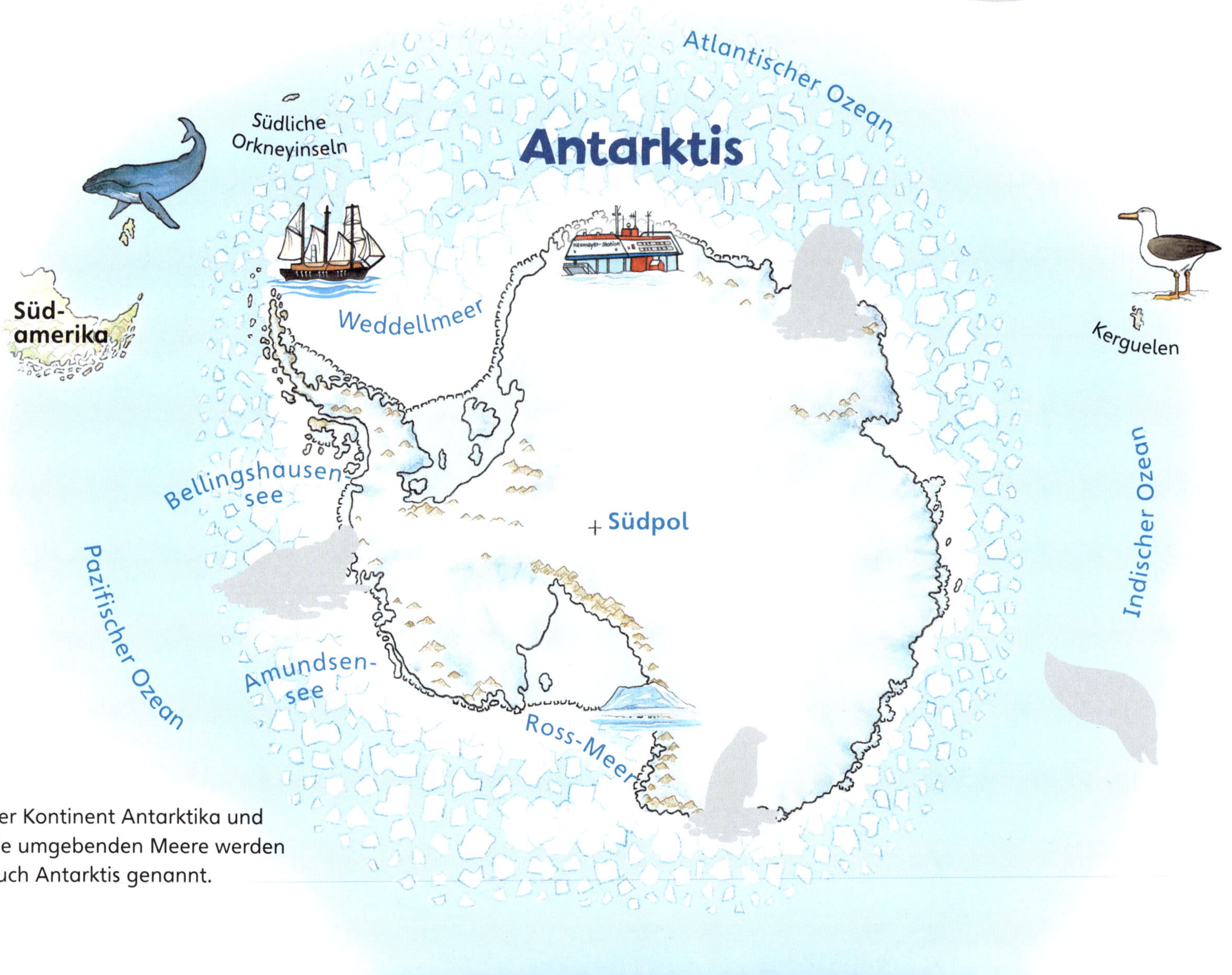

Atlantischer Ozean

Antarktis

Südliche Orkneyinseln

Weddellmeer

Süd-amerika

Kerguelen

Bellingshausensee

+ **Südpol**

Indischer Ozean

Pazifischer Ozean

Amundsensee

Ross-Meer

Der Kontinent Antarktika und die umgebenden Meere werden auch Antarktis genannt.

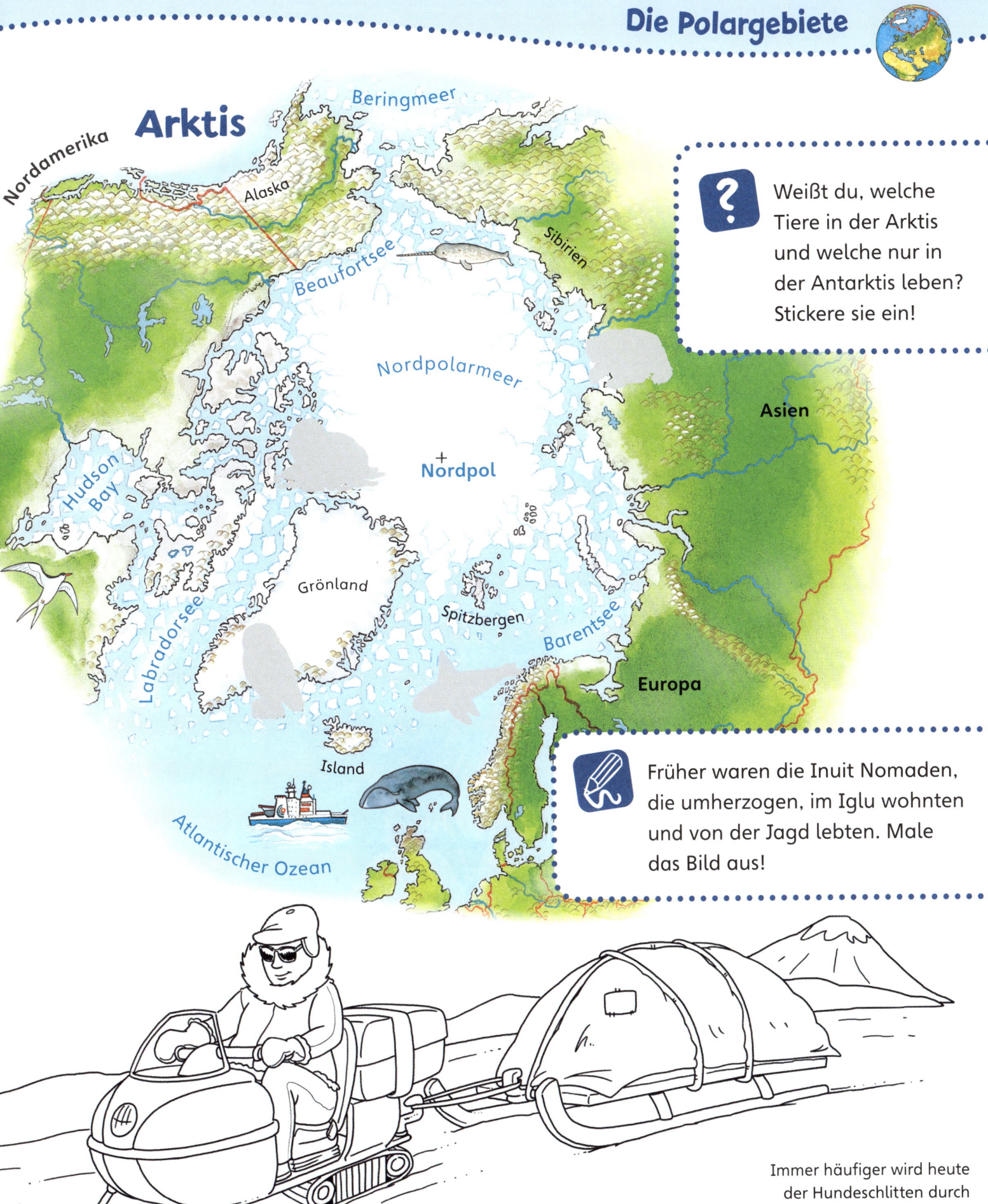

Arktis

Nordamerika

Beringmeer

Alaska

Beaufortsee

Sibirien

Nordpolarmeer

+ Nordpol

Asien

Hudson Bay

Grönland

Labradorsee

Spitzbergen

Barentsee

Europa

Island

Atlantischer Ozean

? Weißt du, welche Tiere in der Arktis und welche nur in der Antarktis leben? Stickere sie ein!

✏ Früher waren die Inuit Nomaden, die umherzogen, im Iglu wohnten und von der Jagd lebten. Male das Bild aus!

Immer häufiger wird heute der Hundeschlitten durch den Motorschlitten ersetzt.

Wie eine blaue Kugel sieht die

Erde aus dem Weltall betrachtet aus. Denn rund 70 Prozent der Erdoberfläche sind von Wasser bedeckt. Es gibt drei Weltmeere, das sind der Atlantische, der Pazifische und der Indische Ozean. Daneben gibt es viele kleine Meere, wie das Mittelmeer oder das Schwarze Meer.

An Felsküsten nisten gerne Vögel. Nur zwei der Papageitaucher sind genau gleich. Klebe zuerst den fehlenden Sticker ein und kreise sie dann ein!

In den Korallenriffen der tropischen Meere ist eine Vielzahl farbenprächtiger Tiere zu Hause.

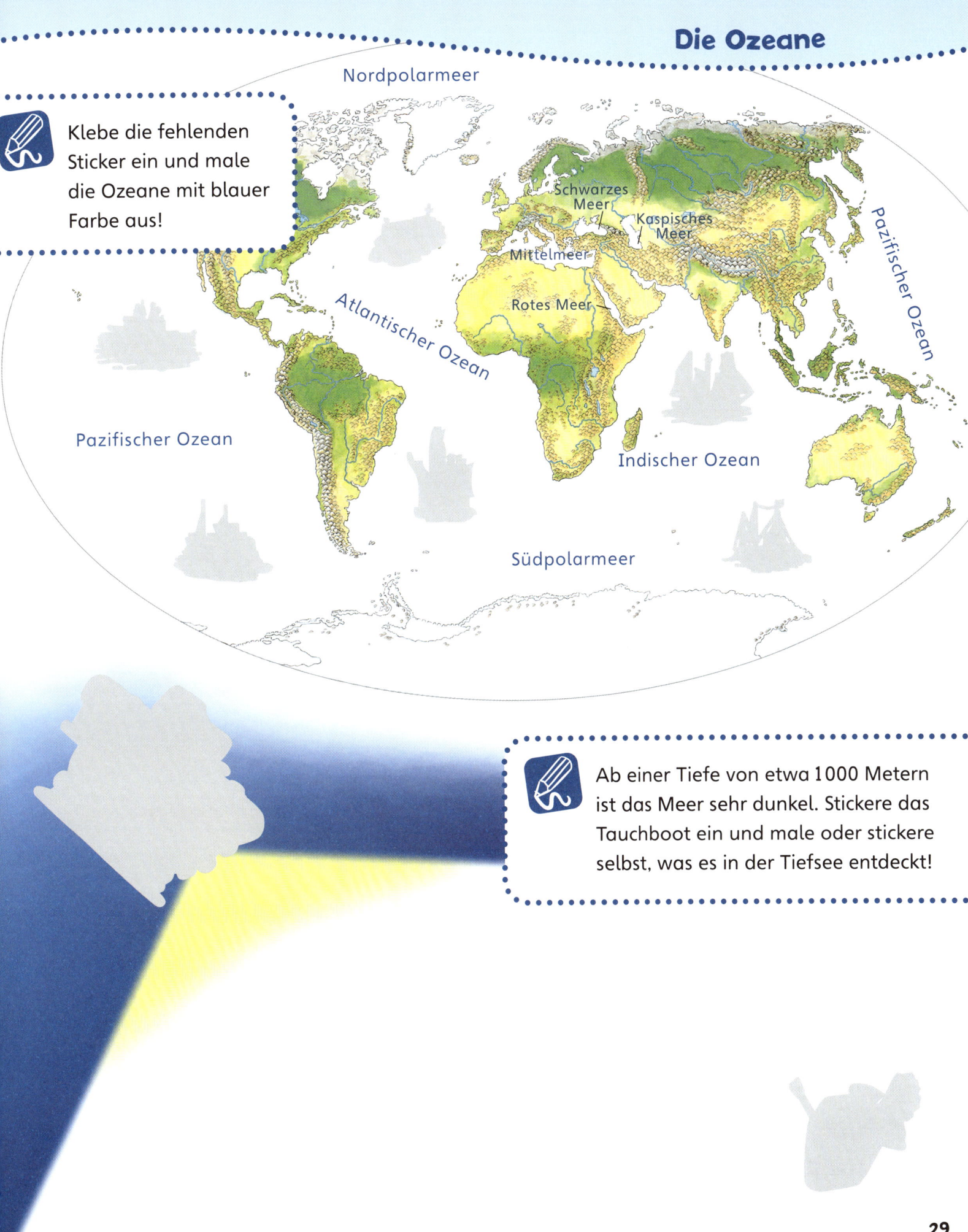

Klebe die fehlenden Sticker ein und male die Ozeane mit blauer Farbe aus!

Nordpolarmeer

Schwarzes Meer

Kaspisches Meer

Mittelmeer

Rotes Meer

Atlantischer Ozean

Pazifischer Ozean

Pazifischer Ozean

Indischer Ozean

Südpolarmeer

Ab einer Tiefe von etwa 1000 Metern ist das Meer sehr dunkel. Stickere das Tauchboot ein und male oder stickere selbst, was es in der Tiefsee entdeckt!

Über den Wolken

„Juhu, wir fliegen!" Ida und Paul sind aufgeregt: Sie fliegen zum ersten Mal

mit einem   . Und die Reise geht gleich auf die andere Seite der

        über das   nach Amerika. Paul sitzt am Fenster und staunt.

Unter ihm werden   , Straßen und   immer

kleiner. Wie eine Schlange windet sich ein   durch die Landschaft.

Manchmal ist auch ein   zu sehen. Bald ist das   über den

        und fliegt auf das offene   hinaus. Winzig klein kann Paul

ein großes   unter ihnen erkennen. Ida beugt sich neugierig zu ihm hin:

„Guck mal, Mama, das dort unten sieht aus wie eine   !" „Das muss

Irland sein", meint Mama. Das   fliegt nun eine kleine Kurve.

„Pling!", jetzt gibt es eine Durchsage des Piloten: „Leider müssen wir heute

unsere Flugroute ändern. Wir fliegen nicht wie vorgesehen über die

Nord-
amerik

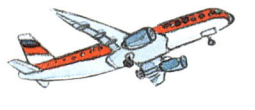

Flugzeug **E**rde **M**eer **A**uto **S**tadt **F**luss **B**erg

Island, denn dort ist ein  ausgebrochen! Wir fliegen einen kleinen Umweg,

um der Rauch ![Wolke] zu entgehen." Einige Zeit später sieht Paul durch das Fenster

eine noch größere, ganz weiße Landmasse. „Das muss Grönland sein", weiß Ida.

„Ist das auch eine ![Insel] ?", möchte Paul wissen. „Ja", erklärt Mama, „sogar

die größte der ![Erde] ." „Leben die Menschen dort in Iglus?", fragt Paul und klebt

mit der ![Nase] am Fenster. „Heute doch nicht mehr!", sagt Ida. „Die Haupt![Stadt] von

Grönland heißt Nuuk", sagt Mama. „Die ![Insel] gehört aber zu Dänemark."

„Ich glaube, ich sehe ein ![Walross] !", ruft Paul plötzlich aufgeregt. „Dort unten

ist doch alles nur weiß", schmunzelt Ida. „Vielleicht ist das eine ![Wolke] oder ein

Eis![Berg] ", überlegt Mama. „Aus dieser Höhe kann man eigentlich keine Tiere

erkennen!" Paul drückt sich die ![Nase] an der Scheibe platt. Dann ist er

sich mit einem Mal ganz sicher: „Doch! Dort unten, das war ein ...

Wolke

Schiff

Insel

Vulkan

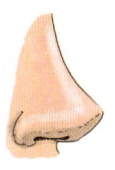
Nase

Walross

Eisbär

Seite 2/3

Neuseeland liegt südöstlich von Australien.
Die Hawaii-Inseln liegen im Pazifischen Ozean
südwestlich der Küste der USA.

Europa heißt der Kontinent, auf dem wir leben.
Der größte Kontinent der Erde ist **Asien**.

3 Kraken sind in der Weltkarte versteckt.

Seite 4

Die gesuchten Länder heißen ...
A Schweden
B Lettland
C Ungarn
D Belgien
E Portugal

Seite 6/7

Schweiz – Matterhorn in den Alpen
Großbritannien – Tower Bridge in London
Deutschland – Brandenburger Tor in Berlin
Österreich – Riesenrad im Prater in Wien
Italien – Kolosseum in Rom
Russland – Basilius-Kathedrale in Moskau
Frankreich – Eiffelturm in Paris
Griechenland – Akropolis in Athen

Seite 8/9

Deutschland   Österreich   Schweiz

6 Murmeltiere sind im Bild versteckt.

Seite 11

Die gesuchten Länder heißen ...
A Elfenbeinküste
B Tschad
C Madagaskar

Seite 13

Es sind ...
12 Skorpione
8 Skinke
14 Springmäuse

Seite 14

Der Cowboy fängt das ausgebüxte
Rind mit Lasso B ein.

Seite 16/17

Die Nazca-Linien wurden
in Peru entdeckt.

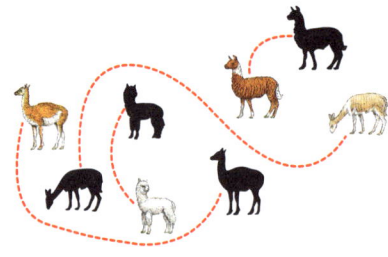

In die Reihe passen nicht ...
1. Lebkuchen
2. Löwe
3. Schloss Neuschwanstein

Seite 18/19

6 Äffchen sind im Bild zu sehen.

Puzzleteil 3 passt in die Lücke.

Ein Chamäleon sitzt im dichten
Blattwerk des Regenwaldes.

Seite 20

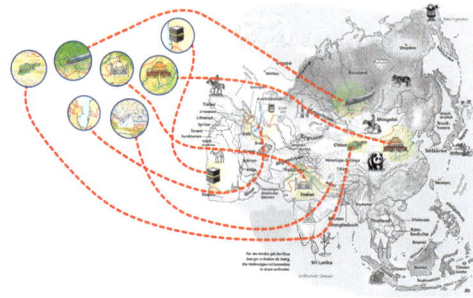

Die gesuchten Länder heißen ...
A Indien
B Japan
C Jordanien
D China

Seite 23

Diese Tiere sind in Asien zu Hause:
Dromedar (C), Krokodil (H), Sibirischer Tiger (I),
Orang-Utan (N), Panda (A).

Das Lösungswort lautet: China.

Die Katze mit dem Buchstaben C stimmt mit
der großen Winkekatze genau überein.

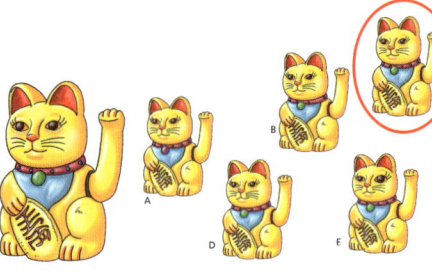

Seite 24/25

4 Beuteltiere sind auf der Karte zu sehen:

Riesenkänguru

Baumkänguru

Koala

Tasmanischer Teufel

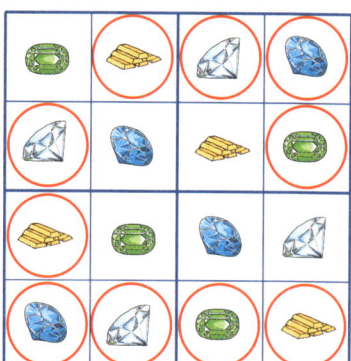

Seite 28